2. Lesestufe

Manfred Mai

Ein Bruder für Anna

Mit Bildern von Franziska Harvey

Ravensburger Buchverlag

Bibliografische Information der Deutschen Nationalbibliothek:

Die Deutsche Nationalbibliothek verzeichnet diese Publikation
in der Deutschen Nationalbibliografie.
Detaillierte bibliografische Daten sind im Internet
über **http://dnb.d-nb.de** abrufbar.

1 2 3   13 12 11

Ravensburger Leserabe
© 2011 Ravensburger Buchverlag Otto Maier GmbH
Umschlagbild: Franziska Harvey
Umschlagkonzeption: Sabine Reddig
Redaktion: Claudia Ondracek/Sabine Schuler
Printed in Germany
ISBN 978-3-473-36256-1

www.ravensburger.de
www.leserabe.de

Inhalt

Höchste Zeit!

Mama kommt ins Wohnzimmer.

Seit ihr Bauch so dick ist,

watschelt sie ein bisschen

wie eine Ente.

„Kann dein Bauch nicht platzen?",

fragt Anna.

„Nein", antwortet Mama lachend.

„Das kann er zum Glück nicht."

„Warum kommen Babys
eigentlich nicht früher
auf die Welt?", fragt Anna.
„Dann wären sie noch kleiner
und der Bauch wäre nicht so dick."
„Aber dann wären sie noch nicht
kräftig genug zum Leben",
erklärt Mama.

„So wie unser Baby immer tritt,
ist es jetzt aber kräftig genug",
sagt Anna und legt die Hand
auf Mamas Bauch.
Sie kann das Baby deutlich spüren.
Im Augenblick scheint es gerade
Purzelbäume zu schlagen.
„Ich glaube, es will raus",
sagt Anna.

Mama streichelt ihr über den Kopf.

„Freust du dich auf unser Baby?"

„Ja", sagt Anna.

„Aber es soll jetzt endlich kommen!"

„Es kommt bald", sagt Mama.

„Versprochen."

So winzig?

Papa trägt Kartons mit Babysachen
ins Wohnzimmer.
Mama will sehen, was sie davon
noch gebrauchen können.
Sie öffnet den ersten Karton.
Er ist voll mit Höschen, Hemdchen
und Strampelanzügen.

„Die sind ja winzig!" Anna hält
einen Strampelanzug hoch.
„Die passen ja meiner Puppe."
„Viel größer ist ein Baby auch nicht,
wenn es geboren wird", sagt Papa.
„Ich war bestimmt nicht
so winzig", meint Anna.
Papa lacht. „Und ob!"
Er holt ein Fotoalbum.
„Schau mal, hier bist du
gerade zwei Wochen alt!"
Anna guckt von dem Bild
zu dem Strampelanzug.
„Das ist ja der!"
„Stimmt", sagt Mama.
„Das war dein erster
Strampelanzug."

Anna kichert.

„Ich war ja echt winzig."

„So klein waren wir alle mal",
sagt Papa.

„Du auch?", fragt Anna.

„Nein", sagt Papa. „Ich bin gleich
so auf die Welt gekommen."

„Und auch gleich mit Schlips",
ergänzt Mama.

Anna versucht sich das vorzustellen
und kriegt einen Kicheranfall.

„Was gibt's denn da zu lachen?",
fragt Papa.

„Ich war eben schon immer
ein vornehmer Mensch."

Da muss Anna noch mehr lachen.

„Aufhören!", stöhnt Mama
und hält sich den Bauch.

„Wenn ihr nicht sofort aufhört,
gibt es ein Unglück."

„Oder ein Glück", sagt Papa.

Als sich alle wieder beruhigt haben,
sagt Mama:
„Dein erster Strampelanzug
wird auch der erste des Babys sein.
Einverstanden?"
Anna nickt. „Und wenn man dann
unsere Fotos nebeneinanderhält,
sehen wir aus wie Zwillinge."

Na, dann los!

„Ich glaube, es ist so weit",
sagt Mama kurz nach
dem Aufstehen
und verzieht das Gesicht.
„Die Wehen werden immer stärker!"
„Na, dann nichts wie los!",
ruft Papa. „Ich sag schnell
Melanies Mama Bescheid!"
Melanie ist Annas Freundin
und wohnt im Nachbarhaus.
Dort soll Anna warten,
bis Papa wiederkommt.

Mama drückt Anna an sich.
„Sollen wir dich
zu Melanie rüberbringen?"
„Nein, ich geh allein", sagt Anna.
Mama verzieht
schon wieder das Gesicht.
Anna schaut sie
mit großen Augen an.
„Tut es so weh?",
fragt sie ängstlich.
„Keine Sorge", sagt Mama
und gibt ihr einen Kuss.
„Das gehört dazu.
Sonst kann das Baby
nicht rauskommen.
Pass gut auf dich auf,
mein Schatz."

Papa nimmt den Koffer,

der schon seit zwei Wochen

fertig gepackt in der Diele steht.

Mama stützt sich auf seinen Arm.

Anna sieht,

dass ihr das Gehen schwerfällt.

„Ich hol dich dann ab",

ruft Papa Anna noch zu,

bevor er sich ins Auto setzt.

Anna nickt und schluckt.
Sie weiß gar nicht,
warum ihr ausgerechnet jetzt
zum Weinen zumute ist.
Sie steht in der offenen Haustür
und winkt noch,
als das Auto schon längst
um die Ecke ist.
Dann kommen ihr die Tränen.
Aber die sehen Mama und Papa
ja nicht mehr.

Puppenbaby

Anna klingelt bei Melanie.

Melanies Mama öffnet die Tür.

„Tag, Anna!

Na, dann komm mal rein.

Zusammen fällt uns das Warten

bestimmt leichter!"

Melanie und Anna
gehen ins Kinderzimmer.
„Was spielen wir?", fragt Melanie.
„Ich krieg ein Baby",
schlägt Anna vor.
„Und du bist die Hebamme."
„Und wer ist der Arzt?",
fragt Melanie.
„Den brauchen wir nicht",
antwortet Anna.
„Meine Mama hat gesagt,
es kann nichts passieren."
„Aber ein Baby brauchen wir",
sagt Melanie.
Sie zieht ihrer Puppe
die Kleider aus.
Anna schiebt sie unter ihren Pulli.

„Meine Mama ist viel dicker",
sagt Anna.
Melanie holt noch ein Kissen.
Mit der Puppe und dem Kissen
ist Anna ganz schön dick.
Fast so dick wie Mama.

Melanie holt ihr Arztköfferchen.

„Oh, oh", stöhnt Anna.

„Ich glaube, es ist so weit."

Sie legt sich aufs Bett.

Melanie nimmt das Hörrohr

und hört Annas Bauch ab.

„Das Baby muss gleich kommen."

„Oh, oh", stöhnt Anna wieder.

Denn Mama hat ihr gesagt,

dass so eine Geburt

anstrengend ist.

„Ganz ruhig", sagt Melanie.

„Es ist gleich vorbei."

Sie greift unter Annas Pulli

und zieht das Baby langsam heraus.

„Da haben wir's –

es ist ein Mädchen."

Melanie legt Anna das Baby

in den Arm.

Anna streichelt es liebevoll.

Melanie holt inzwischen

die Puppenkleider.

„Wir müssen es anziehen,

sonst erkältet es sich."

Anna will mithelfen,

aber das erlaubt die Hebamme nicht.

„Sie müssen liegen bleiben

und sich ausruhen!", sagt sie.

Anna zieht das Kissen
unter ihrem Pulli vor.
„Ausruhen ist langweilig",
sagt sie. „Ich will jetzt
mein Kind spazieren fahren."
„Und ich?", fragt Melanie.
„Du? Du bist mein Mann
und darfst mitkommen."

Alles bestens!

Es ist schon acht Uhr abends.
Da klingelt es an der Tür.
„Das ist Papa!", ruft Anna
und saust los wie der Blitz.
Melanie saust hinterher.
Es ist wirklich Papa.

Papa hebt Anna hoch
und tanzt mit ihr im Kreis herum.
„Na, rate, was es ist!", sagt er.
„Ein Brüderchen."
„Stimmt!", ruft Papa
und tanzt immer schneller.
„Und wie soll es heißen?",
fragt Melanie.
„Fabian", antwortet Papa.

„Ist alles gut gegangen?",
fragt Melanies Mama.
Papa hört auf zu tanzen
und lässt Anna runter.
„Alles bestens."
„Das ist die Hauptsache",
sagt Melanies Mama.
„Fabian ist ein süßes Kerlchen",
erzählt Papa.
„Er sieht Anna sehr ähnlich."
„Ehrlich?", fragt Anna.
Papa nickt.
„Und das ist auch gut so.
Stell dir vor,
er würde aussehen wie ich."
Er rückt seinen Schlips zurecht,
und sie müssen beide kichern.

Melanie und ihre Mutter
schauen sich an
und zucken die Achseln.
Das verstehen sie nicht.

Papa und Anna verabschieden sich.
„Wann darf ich das Baby sehen?",
fragt Anna draußen.
„Heute nicht mehr", antwortet Papa.
„Aber gleich morgen Früh."

Verschrumpelt mit Glatze

Um sieben Uhr
ist Anna aufgestanden.
Aber wach war sie schon um sechs.
Jetzt ist es neun,
und sie betreten gerade
das Krankenhaus.
Eigentlich hätte Anna heute Schule.
Aber Papa hat angerufen.
Und zur Feier des Tages
darf Anna zu Hause bleiben.

Mit der einen Hand
hält Anna Papa fest.
In der anderen Hand
hat sie eine Papierrolle
mit einer Schleife drum.
Das ist ein Bild für Mama.
Papa klopft an.
„Herein!"
Das war Mamas Stimme.
„Du zuerst", sagt Papa
und schiebt Anna ins Zimmer.

Mama liegt im Bett am Fenster.
Davor steht noch ein Bett,
darin liegt eine andere Frau.
Sie schläft.
„Hallo, mein Schatz",
sagt Mama leise.
Auf dem Kopfkissen neben ihr
liegt Fabian.

„Hallo, Mama!"

Anna stellt sich neben das Bett.

Das also ist ihr kleiner Bruder.

Anna betrachtet ihn ganz genau.

„Seid ihr sicher,

dass das unser Baby ist?",

fragt sie nach einer Weile.

Papa schaut sie erstaunt an.

„Wie meinst du das?"

„Du hast gesagt,

Fabian sieht aus wie ich",

murmelt Anna.

„Aber der hat ja eine Glatze

und ist ganz rot und verschrumpelt."

„Also hör mal …", sagt Papa.
Mama gibt ihm ein Zeichen.
Dann sagt sie zu Anna:
„Papa meint, dass du
als neugeborenes Baby
genauso ausgesehen hast.
Da warst du auch so rot
und verschrumpelt.
Genau wie Fabian."

„Glaub ich nicht!",
brummt Anna.

Mama lacht und streichelt Anna
über ihre schönen blonden Haare.
„Aber schon nach ein paar Wochen
warst du so hübsch wie heute."
„Und du meinst,
so wird es bei Fabian auch sein?",
fragt Anna unsicher.
„Bestimmt", sagt Mama.
Sie drückt Anna an sich
und gibt ihr einen Kuss.

„Das Bild!", ruft Anna plötzlich.
Es ist zwischen ihr und Mama
eingeklemmt.
Aber zum Glück ist es
nur ein bisschen geknickt.
„Das hab ich für dich gemalt",
sagt Anna.
„Danke, das ist aber lieb."
Mama macht die Schleife auf.
„Oh, ist das schön!", sagt sie.

Mama lächelt,
aber ihre Augen sind feucht.
Anna schaut sie fragend an.
„Das sind nur Freudentränen,
mein Schatz", nuschelt Mama
und gibt ihr noch einen Kuss.
„Ich bin einfach glücklich:
über das Bild, dass ich dich habe
und dass Fabian endlich da ist!"

Zu viert

Am nächsten Tag holt Papa

Mama und Fabian

aus dem Krankenhaus.

Als Anna aus der Schule kommt,

sind alle drei schon zu Hause.

Fabian liegt in der Wiege

und schläft.

Mama und Papa stehen davor.

„Ist er nicht süß?", flüstert Papa

nun schon zum dritten Mal.

Das findet Anna immer noch nicht.

35

Mama schaut auf die Uhr.
„Bald wacht Fabian auf.
Dann baden wir ihn.
Willst du mir helfen, Anna?"
Und ob Anna das will!

Während Mama
das Badewasser richtet,
geht Papa in die Küche
Spaghetti kochen.
Anna betrachtet
solange ihren Bruder.
Er schläft ganz still.
Aber auf einmal
fängt er an zu quäken.
„Huäää! Huäää!"
Oh, klingt das hässlich!

Papa kommt ins Zimmer gestürzt.
„Was machst du denn?"
Papa schiebt Anna
von der Wiege weg.
„Gar nichts mach ich!",
sagt Anna. „Er hat
von ganz allein angefangen."

„Was ist denn?", ruft Mama
aus dem Badezimmer.
„Fabian schreit",
ruft Papa zurück.
„Das höre ich!", sagt Mama.
„Und warum kommst du
dann nicht?", fragt Papa.
„Weil er bei euch
in guten Händen ist."
Mama kommt lachend ins Zimmer.
Anna ist gar nicht zum Lachen.
Sie spürt,
wie ihr die Tränen kommen.
„Und was ist mit dir?", fragt Mama.
„Papa hat mich ausgeschimpft
und geschubst,
dabei hab ich gar nichts getan."

„Das hat er bestimmt
nicht so gemeint", sagt Mama.
„Papa ist nur ein bisschen nervös
wegen des Kleinen!"
„So ein Quatsch", brummt Papa.
Mama trägt den schreienden Fabian
ins Badezimmer.
Anna und Papa gehen hinterher.

Im Badezimmer
zieht Mama Fabian aus.
„Da haben wir's", sagt Mama
und zeigt Papa die volle Windel.
„Deswegen schreit er."
„Iiiii!" Anna hält sich die Nase zu.
„Tja", sagt Mama.
„Das stinkt nun mal."
Papa nimmt die Windel
vorsichtig mit zwei Fingern
und steckt sie in den Windeleimer.

Jetzt sieht Anna ihren Bruder
zum ersten Mal ganz nackt.
„Sind die Arme und Beine
aber klein!", staunt sie.
„Und guck mal, der kleine Zipfel …"
Anna kichert.
„Der sieht vielleicht lustig aus."

Im selben Augenblick spritzt
eine Fontäne in die Höhe.
„Mama, Mama!", ruft Anna.
„Fabian pinkelt!"
Mama schmunzelt.
„Was sein muss, muss sein."

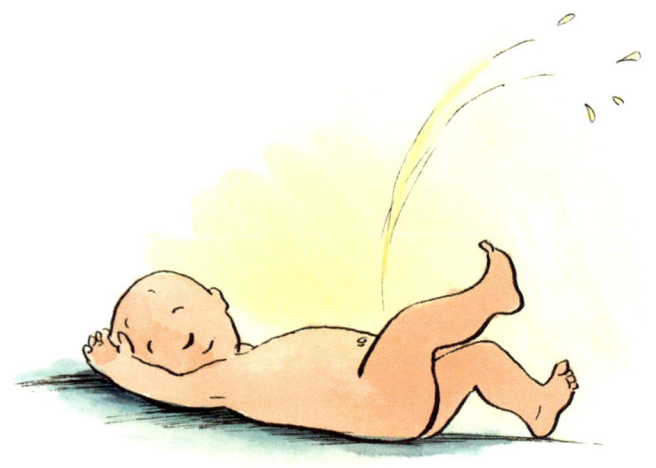

Laut und leise

Anna schläft.

Sie träumt von einem Wuschelhund,

mit dem sie gerne spielen möchte.

Aber der Junge,

dem der Wuschelhund gehört,

will ihn nicht hergeben.

Anna packt den Wuschelhund,

da fängt der Junge an zu schreien.

Aber Anna lässt nicht los.

Der Junge schreit immer lauter.

Er schreit, bis Anna aufwacht.
Sie braucht eine Weile,
bis sie begreift,
wer da in Wirklichkeit schreit.
Anna zieht die Decke
über den Kopf.
Aber das hilft nichts.
Anna knipst das Licht an
und schlüpft aus dem Bett.

Das Geschrei
kommt aus dem Wohnzimmer.
Dort geht Papa mit Fabian
auf und ab.
„Tz, tz, tz, tz!", macht Papa.
„Ist ja schon gut."
Aber das scheint Fabian
nicht zu hören.

„Was willst du denn hier?“,
fragt Papa,
als er Anna entdeckt.
„Fabian hat mich aufgeweckt“,
sagt Anna.
„Warum schreit er denn so?“
„Wenn ich das nur wüsste“,
brummt Papa.
„Komm, geh wieder ins Bett.
Du hast morgen Früh Schule.“
„Ich kann aber nicht schlafen,
wenn der so schreit“, sagt Anna.
„Er wird schon wieder aufhören“,
sagt Papa.
Aber man sieht ihm an,
dass er davon selbst
nicht sehr überzeugt ist.

„Wo ist Mama?", fragt Anna.

„Im Bett", antwortet Papa.

„Nicht mehr", sagt Mama.

Sie hat ganz kleine Augen

und dicke Ränder darunter.

Genau wie Papa.

Mama nimmt ihm Fabian ab.

„Tz, tz, tz, tz", macht Mama.

„Ist ja schon gut."

Und plötzlich ist Fabian still.

„Na, ihr beiden", sagt Mama,

„wollt ihr nicht endlich ins Bett?"

Papa nickt – und Anna auch.

Dann gehen sie beide

ganz leise aus dem Zimmer.

Anna schlüpft in ihr Bett.
Komisch, wie still so ein Haus
in der Nacht ist, denkt sie.
Im selben Augenblick
fängt Fabian wieder an zu schreien.

Anna zieht die Decke
über den Kopf.
Vielleicht war das mit dem Baby
doch keine so gute Idee.

Ich bin Anna, deine Schwester!

Anna ist mit den Schularbeiten
fertig.
Sie will sie Mama zeigen.
Aber Mama liegt auf dem Sofa
und schläft.
Da schleicht Anna ins Schlafzimmer
von Mama und Papa.

Dort steht Fabians Wiege.

Fabian ist wach.

Anna streichelt sacht
über seine kleinen Hände.

Dann gibt sie ihm den Zeigefinger,
und Fabian hält ihn fest.

„Ich bin Anna, deine Schwester",
flüstert Anna.
„Wir werden uns bestimmt
gut vertragen.
Du darfst nur nicht immer schreien.
Sonst werde ich böse."

Fabian guckt Anna
mit seinen großen Augen an.
„Jetzt bist du ja noch zu klein,
aber wenn du größer bist,
kann ich dir eine Menge zeigen.
Dann können wir auch
zusammen spielen."

Fabian fuchtelt mit den Armen,
ohne Annas Finger loszulassen.
Er sieht aus,
als wollte er etwas sagen.
„Das Wichtigste ist,
dass du bald sprechen lernst,
damit man versteht, was du willst.
Ich werde dir dabei helfen.
Wenn du magst,
fangen wir gleich an.
Pass auf: Ich – heiße – Anna."

Anna zeigt mit dem Finger auf sich
und spricht ganz langsam:
„Annnaaa.
Hast du gehört: Annnaaaa …
Und jetzt du!"
„Äh … äh …", macht Fabian.
„Das war schon gut!", lobt ihn Anna.
„Komm, versuch's noch mal!"

Aber Fabian
gibt keinen Ton mehr von sich.
Er fuchtelt nur ein bisschen
mit den Armen,
dann macht er die Augen zu
und schläft ein.
„Na ja, macht nichts", flüstert Anna.
„Wir haben ja noch Zeit."
Ihren Finger hält Fabian
immer noch fest.

Leserätsel

mit dem Leseraben

Super, du hast das ganze Buch geschafft!
Hast du die Geschichte ganz genau gelesen?
Der Leserabe hat sich ein paar spannende
Rätsel für echte Lese-Detektive ausgedacht.
Wenn du Rätsel 4 auf Seite 58 löst, kannst du
ein Buchpaket gewinnen!

Rätsel 1

In jedem Satz fehlt ein Wort. Wenn du dir nicht
sicher bist, lies auf den Seiten noch mal nach!

1. Sie kann das ▯▯▯▯▯ deutlich spüren.
   (Seite 6)

2. Melanie holt noch ein ▯▯▯▯▯▯. (Seite 19)

3. Fabian liegt in der ▯▯▯▯▯ und schläft.
   (Seite 35)

4. Ihren ▯▯▯▯▯▯ hält Fabian immer noch
   fest. (Seite 55)

Rätsel 2

Füge die Wörter aus der Geschichte
wieder richtig zusammen!
Schreibe die Wörter auf ein Blatt.

Purzel-   -del   -anzug

          -der   Bru-

Strampel-   Win-   -bäume

Rätsel 3

Der Leserabe hat sich ein Quiz ausgedacht!
Kannst du die Fragen beantworten?
Schreibe die Antwort in die Kästchen

1. Wer legt die Hand auf Mamas Bauch?

2. Was bekommt Anna von ihrer Mama,
   bevor sie ins Krankenhaus geht?

3. Wie heißt Annas Freundin?

4. Was bringt Anna ihrer Mama
   ins Krankenhaus mit?

Rätsel 4

Beantworte die Fragen zu der Geschichte. Wenn du dir nicht sicher bist, lies auf den Seiten noch mal nach!

1. Was spürt Anna, als sie die Hand auf Mamas Bauch legt? (Seite 6)

    F : Das Baby scheint Purzelbäume zu schlagen.

    G : Das Baby tritt gegen den Bauch.

2. Wie findet Anna ihren kleinen Bruder, als sie ihn zum ersten Mal sieht? (Seite 30)

    B : Sie findet, dass er rot und verschrumpelt aussieht.

    J : Sie findet seine kleinen Händchen so süß.

3. Warum wacht Anna in der Nacht auf? (Seite 44)

    L : Weil Anna schlecht geträumt hat.

    N : Weil ihr kleiner Bruder so schreit.

Lösungswort:

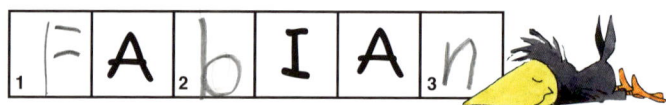

F A B I A N
1   2   3

Rabenpost

Jetzt wird es Zeit für die Rabenpost! Besuch mich auf meiner Homepage **www.leserabe.de** und gib dort unter der Rubrik „Leserätsel" das richtige Lösungswort ein. Es warten außerdem noch tolle Spiele und spannende Leseproben auf dich! Oder schreib eine E-Mail an **leserabe@ravensburger.de**.
Jeden Monat werden 10 Buchpakete unter den Einsendern verlost! Natürlich kannst du mir auch eine Karte schicken.

An den LESERABEN
RABENPOST
Postfach 2007
88190 Ravensburg
Deutschland

Ich freue mich immer über Post!

Dein Leserabe

Ravensburger Bücher

1. Lesestufe für Leseanfänger ab der 1. Klasse

ISBN 978-3-473-**36204**-2   ISBN 978-3-473-**36389**-6   ISBN 978-3-473-**36322**-3

2. Lesestufe für Erstleser ab der 2. Klasse

ISBN 978-3-473-**36325**-4   ISBN 978-3-473-**36372**-8   ISBN 978-3-473-**36395**-7

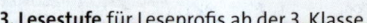

3. Lesestufe für Leseprofis ab der 3. Klasse

ISBN 978-3-473-**36329**-2   ISBN 978-3-473-**36313**-1   ISBN 978-3-473-**36399**-5

Ich habe mein nächstes Buch schon gefunden. Und Du?

www.leserabe.de

Ravensburger